AF452143

PREMIÈRES NOTIONS

DE LA

COSMOGONIE

ET

DE L'HISTOIRE UNIVERSELLE.

DE L'IMPRIMERIE DE RICHOMME,

RUE SAINT-JACQUES, N°. 67.

PREMIÈRES NOTIONS

DE LA

COSMOGONIE

ET

DE L'HISTOIRE UNIVERSELLE;

Par J. N. DÉAL.

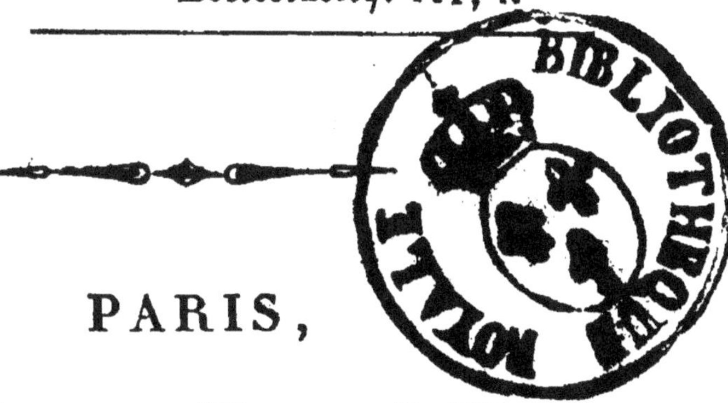

> Toutes choses ont leur temps, et tout passe sous le ciel, après le terme qui lui a été prescrit.
>
> *Ecclésiastiq.* III, I.

PARIS,

Chez l'Éditeur, rue Miromesnil, N°. 14.

1822.

AVERTISSEMENT.

Cet Essai de Cosmogonie termine le premier volume de la Bible des Chrétiens primitifs, et complette le Nouveau Pentateuque.

PREMIÈRES NOTIONS

DE

LA COSMOGONIE [1]

ET DE

L'HISTOIRE UNIVERSELLE.

Aucun sujet plus élevé ne peut occuper la pensée de l'homme réfléchi, que la formation de l'univers, et la toute puissance de l'Intelligence éternelle qui préside à toutes les destinées.

Il est louable d'appliquer son esprit à l'examen d'objets si essentiels, dont la contemplation agrandit les idées, élève les sentimens, et dispose à la bienveillance universelle.

Chaque religion principale a sa cosmogonie, qui diffère de celles des autres religions.

---

(1) *Cosmogonie*, science ou système de la formation de l'univers.

Cet essai, extrêmement succinct, sera fondé sur les observations que les naturalistes modernes ont faites sur la physiologie de notre monde (1), lequel fait partie de l'univers.

Nous entendons par l'*univers* la totalité des mondes qui peuplent l'espace infini, dont notre faible entendement ne peut avoir qu'une idée vague, puisque nos sens ne peuvent atteindre à l'infini ; et que notre conception, comme une glace de miroir, ne peut recevoir d'images que celles qu'il lui présente, ou celles que le sentiment aurait produites, ou que l'imagination aurait formées. par induction ou par analogie (2).

____

(1) Ce mot *Monde* a plusieurs acceptions ; tantôt il signifie l'Univers, tantôt il signifie le système planétaire, dont notre soleil est le centre, et tantôt il exprime seulement le globe que nous habitons ; quelquefois il signifie tous les hommes, ou la plupart des hommes, etc. Dans l'emploi que nous en ferons ici, nous tâcherons que le sens en soit toujours clair.

(2) Pour nous faire une légère idée de l'Univers, traversons cet hémisphère azuré qui semble

Nous ne pouvons donc raisonner que sur notre système planétaire, et particulièrement sur notre globe, qu'il ne nous est pas même donné de pouvoir connaître intimement.

Elevons notre esprit vers le Dieu Très-Haut, qui dispense la vie dans toutes les régions de l'immensité; que la contemplation de ce grand être illumine notre entendement, et nous fasse employer judicieusement les facultés intellectuelles dont il nous a doués.

Nous ne dirons pas comme des philo-

____

entourer la terre; transportons-nous en imagination dans les vastes et incommensurables régions de l'espace infini, qu'aucune limite ne circonscrit; représentons-nous la multitude innombrable de soleils qui y sont répandus dans une variété aussi inconcevable que leur essence; représentons-nous celle des mondes de tant de diverses natures qui s'y meuvent et qui y circulent d'une course tellement rapide, qu'un instant les transportent d'Occident en Orient. L'Eternel, Dieu tout-puissant, maintient la vie et une éternelle jeunesse dans ce Grand-Tout; abîme sans fond, mystérieux et à jamais impénétrable à l'esprit humain.

sophes de l'antiquité, et quelques philosophes modernes, que rien n'est positif
dans ce monde, et que ce n'est que dans
le monde intellectuel que se trouve la
réalité. Nos sens peuvent aussi bien que
notre esprit, nous assurer de la réalité
de notre existence, de laquelle je puis
être aussi certain, lorsque j'éprouve quelque sensation, que lorsque j'ai la percep-
tion de cette sensation; et lorsque je dis je
marche, je puis tirer la même conséquence que lorsque je dis : je pense, donc
j'existe.

Les œuvres de l'Éternel parlent à nos
sens et à notre entendement; l'univers
nous révèle la grandeur de Dieu; sachons
reconnaître dans ce livre, où la doctrine
ne varie point, les attributs du Très-Haut,
et la destinée à laquelle nous sommes
appelés. C'est là la vraie révélation;
celle-ci est réelle et salutaire; toute autre
est fautive et funeste.

Nous ne pouvons nous écarter de
l'essence des choses, sans nous lancer
dans les espaces imaginaires, où chacun
des personnages téméraires qui s'y sont
aventurés, a cru suivre la vraie route;

la plupart cependant s'y sont four-
voyés (1).

C'est donc selon les facultés corpo-
relles et intellectuelles qui nous sont
données, que nous considérerons, et
le monde dans lequel nous vivons, et le
Tout-Puissant, à qui nous pensons qu'il
serait absurde de demander quoique ce
soit qui impliquerait contradiction, ou
qui serait opposé à la nature des choses,
ou aux lumières de la raison.

Ainsi nous dirons : point d'effet sans
cause ; rien ne se fait de rien ; et rien de
ce qui existe dans la nature ne peut
s'anéantir.

Mais la vie qui anime l'univers, en
modifie sans cesse toutes les parties, par
le mouvement qu'elle leur imprime ;
aucune chose matérielle n'est perma-
nente, tous les êtres corporels changent
continuellement de forme, et la durée
de leur existence dépend de leur essence,
et des lois générales que l'Eternel Créateur a imposées à la nature. Tous les

---

(1) Voyez la note à la fin de cet opuscule.

êtres créés sont sujets à la destruction,
mais leurs principes, leurs rudimens,
sont inaltérables, et ne peuvent s'anéantir.

Le mouvement vital use toutes les
créatures animées; notre globe s'use ainsi
lui-même et vieillit par l'exercice de la
vie qui lui a été donnée : sa forme actuelle a eu un commencement, elle aura
une fin; car, tout ce qui a commencé
doit finir.

Une vie de différente nature circule
dans tous les êtres qui composent l'univers.

La généralité des êtres matériels se
divise en deux classes : la première se
compose des corps bruts et inorganisés,
et la seconde des corps organisés. Dans
ceux-ci, il faut distinguer les êtres sim-
plement vivans, les êtres vivans et
sensibles, et les êtres vivans, sensibles
et intelligens.

Tous les êtres organisés qui ont pu
être soumis à l'examen et aux observations
de l'homme, sont formés de la matière
terrestre, de la matière aqueuse, de

la matière aérienne et de la matière ignée (1). Une quantité proportionnée de ces diverses substances est nécessaire, suivant leur nature, à l'existence des êtres organisés : si la proportion de ces diverses matières est altérée, les êtres souffrent; si l'une de ces matières vient à défaillir, ils perdent la vie.

On peut considérer la vie, soit dans son essence, soit dans ses modes et ses effets. Ainsi, la vie est, ou attractive, ou végétative, ou sensitive, ou spirituelle; ou passive, ou active, ou nutritive, ou générative.

Si nous voyons la vie partout où la nature se meut, agit et produit, nous la trouverons dans l'attraction, dans la végétation, et dans l'animalisation.

La vie que l'on a appelée passive, et regardée comme résidente dans les graines des plantes, dans les œufs des oiseaux, des insectes et des reptiles; dans tous les germes que des circonstances favorables peuvent appeler à une vie

____

(1) Voyez le titre Physique, dans l'Introduction aux Sciences et aux Arts.

active;. cette vie passive, disons-nous, n'est pas proprement la vie, laquelle ne réside que potentiellement dans ces germes, dans ces rudimens des êtres organisés.

Les corps fossiles, dans l'intérieur du globe, participent de la même vie dont il jouit lui-même. Que la gemme soit séparée de sa gangue, elle ne croîtra ni ne se perfectionnera plus; que la stalagmite soit enlevée de sa place, elle ne végétera plus; ces objets deviennent alors étrangers au globe, comme une branche devient étrangère à l'arbre dont elle a été détachée, et comme la plante devient étrangère au sol dont elle a été enlevée. Mais ce n'est là qu'une vie purement mécanique, attractive ou matérielle. Il n'y a de vraie vie que dans les êtres sensibles, eux seuls sont réellement animés. Cette sorte de vie par laquelle s'opère la cristallisation, est le premier degré vital. Ensuite la vie s'élève à la vie végétative, à la vie végétative et sensible, et à la vie végétative, sensible et intellectuelle. L'art peut opérer des cristallisations, il peut imiter le travail qui s'opère dans l'intérieur du globe; mais l'art le plus profond ne peut créer le germe de la moindre plante, ni du plus vil insecte : il peut modifier les espèces, mais il n'en peut créer de nouvelles; jamais tous les efforts de l'art ne pourront atteindre à la puissance de la nature, cette mère commune, qui a en elle les rudimens et les germes de tous les êtres, et que le Créateur féconde avec un mystère impénétrable. Nous voyons la vie s'essayer, pour ainsi dire, sur la matière brute, et s'élever à la vie sensible et intellectuelle dont nous jouissons; mais est-ce bien là le dernier degré où elle peut parvenir? n'y aurait-il pas des mondes plus parfaits que celui que nous habitons, et des êtres moins imparfaits que l'homme? De l'intelligence humaine passagère et si bornée, à l'intelligence suprême, éternelle et infinie, la distance est immense, et l'échelle des êtres ne saurait souffrir une si grande lacune. Il est donc des êtres animés entre le chef-d'œuvre de la création, ici bas, et 'e grand esprit animateur, créateur et conservateur de l'univers.

Les germes, les rudimens des êtres organisés, ont composé, de toute éternité, une partie essentielle du domaine de la Nature ; plusieurs de ces germes sont réduits à une vie passive : ils attendent des circonstances favorables qui les appellent à une vie active. Ces germes, de même que les molécules élémentaires des substances ou matières ignée, aérienne, aqueuse et terrestre, sont sous la main de l'esprit créateur, du grand Dieu, éternellement vivant, lequel préside à toutes les modifications, à toutes les transformations des êtres, et aux révolutions des mondes.

Notre monde, le globe sur lequel nous vivons, est un être organisé qui a sa charpente osseuse, ses viscères et ses veines ; il fait partie intégrante du grand corps ou système planétaire dont notre soleil est le centre. Il n'est pas, ainsi que les Pythagoriciens et les Stoïciens l'ont cru, un grand animal, mais il est doué de la vie qui lui est propre, et que lui a imprimé le grand Dieu vivant. Il est sujet à toutes les vicissitudes qu'éprouvent les êtres formés des substances matérielles ; il croît, décroît et tombe dans la destruction. Dieu dispose de ses élémens dissous, et les corps qui les reçoivent auront la même destinée.

La vertu de Dieu se manifeste de toutes parts dans la nature ; l'abeille, la fourmi, si faibles, mais industrieuses, actives et prévoyantes, nous démontrent la Providence divine, aussi bien que l'énorme baleine, et l'éléphant colossal et sociable : les lois de la nature s'exécutent dans la course des mondes qui circulent dans l'espace, de même que dans le mouvement de ce morceau de minéral qui vient s'attacher à la pierre d'aimant qui l'avoisine.

Mais, tant de choses faites pour concourir à une fin, et sur-tout ces organes admirables par lesquels nous jouissons de la vue et de l'ouie, ne manifestent-ils pas à tous ceux qui peuvent en étudier la savante structure, et à tout esprit droit, la prévoyance, la bonté et la puissance ? Dans leur construction nous voyons manifestement un dessein ; il n'y a point de dessein formé sans une intelligence ; une intelligence souveraine, une suprême sagesse, une bonté divine a donc présidé à la création.

Dieu, esprit éternel et infini, règne dans l'Univers matériel, éternel, et infini; l'intelligence suprême régit et conserve ce vaste corps, dont la vie rend muables les élémens dont il est composé, mais qui est immuable quant à ses attributs essentiels; l'unité, l'infinité, l'éternité (1).

Dieu, cause première et efficiente, raison des choses, anime l'Univers et dispose des élémens. Il conserve l'essence des êtres, les renouvelle et leur dispense la vie. Les mondes à sa voix sortent du chaos : il les féconde et les peuple (2). Il empêche le mal de pré-

______

(1) Si l'univers n'était pas vivifié et gouverné par l'Eternel, comment les globes planétaires tourneraient-ils sur eux-mêmes; et, comment conserveraient-ils, sans une impulsion continuelle, le même degré de mouvement, que l'obstacle du milieu, même le plus rare, doit finir par ralentir? Et sans un Créateur tout-puissant, animateur et régénérateur, que deviendraient les mondes confondus et tombés dans le chaos? car les mondes aussi meurent pour renaître.

(2) Lorsque les mondes sont dans leur jeu-

valoir sur le bien , en neutralisant les mauvais principes qui proviennent de la grossièreté de la matière , et en tirant des qualités opposées de ses diverses espèces , un effet salutaire.

Les anciens , en disant que Dieu est l'âme du monde , ou de l'Univers , n'en avaient pas une assez grande idée , s'ils comparaient seulement cette âme du monde à l'âme humaine ; celle-ci dirige l'homme dans ses actions , mais elle ne peut rien de physique pour sa conservation ou sa rénovation ; Dieu , au contraire , maintient l'harmonie de l'Univers , et rappelle à de nouvelles destinées , les mondes qui tombent dans la dissolution ou la destruction.

L'ordre règne aujourd'hui dans notre système planétaire , mais combien de causes ne peuvent-elles pas y mettre le

---

nesse , par la rénovation à laquelle Dieu les a appelés ; la nature , plus puissante alors , produit des êtres qu'elle ne donne plus dans la vieillesse de ces mondes. Il n'est qu'un âge propre à la génération.

désordre ? Nous parlerons d'abord de la loi générale de la mutabilité qui soumet tous les êtres créés, tous les membres de l'Univers, au cours naturel de la vie, qui est d'avoir un commencement, un milieu et une fin ; mais, la vie particulière à chaque créature, peut être tranchée par beaucoup d'accidens ; et une infinité d'autres peuvent la mettre en danger, et laisser après eux des traces profondes. C'est ainsi que l'on aperçoit dans notre globe les apparences d'une destruction générale de tous ses habitans, par l'état de liquéfaction dans lequel il a dû se trouver ; état que fait présumer sa forme, par son applatissement aux deux pôles, et son renflement à l'équateur ; effets produits par la force centrifuge, agissant sur une matière molle qui pouvait obéir à cette force. Des traces de grands bouleversemens se font remarquer sur le globe, et des monumens du séjour des eaux sur des lieux très-élevés ne laissent point de doute que la mer en a couvert toute la surface. Notre globe a éprouvé des millions de révolutions qui l'ont bouleversé, en tout ou en partie et qui en ont changé la conformation; mais, nous ne savons rien de ce que son intérieur a pu éprouver, puisque l'on n'y a jamais pénétré, et que nous ne le connaissons pas.

On a recherché les causes de ces vicissitudes, et il s'en est présenté de diverses sortes. La mer paraît menacer quelques rivages de son irruption, mais il en est davantage d'où elle se retire. Les physiciens et les naturalistes ne paraissent pas douter de la diminution des eaux de la mer. La matière aqueuse venant à diminuer, l'état du globe sera modifié; qu'elle vienne à défaillir, il changera de nature et sera appelé à de nouvelles destinées; cette loi est imposée à tous les êtres organisés. Ils sont soumis aussi à des accidens et à des maladies causées par la nature des substances matérielles dont ils sont composés. C'est ainsi que notre globe éprouve des tremblemens de terre, des éruptions de volcans, etc.

Parmi les accidens auxquels il est sujet, il en est qui le bouleversent, ou qui le détruisent, ou qui en changent la face et la constitution. La cause la plus évidente qui nous paraît produire ces grandes catastrophes, est le voisinage ou le contact des comètes, dont la course irrégulière doit nécessairement produire ces circonstances (1). Voici ce que dit à ce sujet, d'après M. Laplace, M. Francœur, dans son Uranographie, Paris, 1818. « Il est facile de se représenter les effets du choc de la Terre par une comète. L'axe et le mouvement de rotation changés ; les mers abandonnant leur ancienne position pour se précipiter vers le nouvel équateur; une grande partie des hommes et des animaux noyés dans ce déluge universel, ou détruits par la violente secousse imprimée au globe terrestre ; des espèces entières anéanties ; tous les monumens de l'industrie humaine renversés ; tels sont les désastres que le choc d'une comète peut produire. » Mais toutes les comètes ne sont pas de même nature, et leur approche et leur choc peut produire des effets différens, et des

------

(1) Voyez la planche VIII de l'Introduction aux Sciences et aux Arts.

révolutions plus ou moins complètes. Qu'une comète s'approche de la terre, elle peut y causer un déluge. Qu'une des principales planètes soit détruite par l'effet du choc d'une comète, ce contre-poids bouleversé et déplacé, les autres planètes sur lesquelles il agissait, s'échappent de leurs orbites ; elles tombent au centre du système, dans le Soleil, océan de feu qui les dissout ; un nouveau chaos appelle alors l'intervention du Grand-Esprit créateur ; l'Eternel reforme les mondes d'un nouveau système plané-taire, et les replace dans les orbites qu'ils doivent parcourir, suivant les natures si diverses des élémens qui les composent ; et, par un souffle de vie, il anime les germes des êtres qui doivent repeupler les différens climats de ces mondes nouveaux.

Les temps éternels qui nous ont pré-cédés, ont vu sans doute un grand nombre de ces catastrophes, dont il est resté des traces évidentes sur notre globe ; mais lorsqu'on se représente l'im-mensité de l'espace infini, on sent que les corps célestes n'y sont que comme des atômes en comparaison de cette immensité ; il est donc extrêmement probable que l'espèce de vie dont ils jouissent se termine naturellement, plutôt que par l'effet du choc d'une comète ; ces astres ayant de si vastes espaces à parcourir sans se trouver dans la direction d'aucune planète.

Mais, que ce soit suivant le cours naturel de sa vie, que notre monde tombe dans la destruction, que ce soit par un effet accidentel ; si le chaos remplace notre système planétaire, ce désordre ne peut influer sur les innombrables systèmes planétaires répandus dans l'immensité de l'espace incompréhensible(1). — Combien ils sont vastes les domaines de l'Eternel ! Combien est petite en comparaison la place qu'y occupe

---

(1) Nous ne savons pas si les systèmes planétaires qui s'avoisinent influent les uns sur les autres. Mais, n'a-t-on pas vu le renversement de Lisbonne, le bouleversement de la Calabre, sans que Paris s'en soit ressenti, et cependant ces lieux sont à des distances médiocres sur le même globe.

notre monde ! et que sommes-nous ,
nous-mêmes, dans l'immensité!... moins
que ne sont dans l'atmosphère les atômes
inaperçus qui s'y agitent. Et, cependant,
la providence a les yeux sur nous, et ne
nous délaisse pas.

Par la dernière catastrophe que notre
monde a éprouvée, le globe a été sub-
mergé en tout ou en partie.

Si la submersion a été entière, Dieu
ayant rappelé les élémens dans l'ordre
que leur assigne leur nature, anima d'un
souffle de sa bouche les rudimens, les
germes des êtres organisés qu'il tira de
leur sein ; une nouvelle création repeu-
pla notre monde , et chaque climat s'est
trouvé enrichi des productions qui lui
étaient propres (1). Si la submersion n'a

---

(1) Les anciens croyaient aux générations spon-
tanées ; cette croyance , chez eux , était portée trop
loin , et ils la fondaient sur des motifs inadmis-
sibles. Les modernes ont rejeté ces générations ; cependant d'habiles observateurs de la nature les ont
reconnues , à la vérité, dans des animalcules mi-
croscopiques ; mais il n'est pas plus difficile à

pas été universelle, les hommes et les animaux terrestres réfugiés sur des points élevés, auront été le principe de nouvelles générations; mais tous les monumens du savoir étant détruits, et l'homme réduit à ses seuls moyens individuels ayant à se défendre contre les animaux féroces, et contre l'intempérie des saisons, et n'ayant plus de quoi se sustenter, le genre humain a été ramené à une nouvelle enfance; et c'est ainsi que toutes les notions historiques nous le représentent, dans un temps peu éloigné de nous.

Tous les peuples de l'Europe suivent des religions qui dérivent plus ou moins de la sainte Bible, laquelle est leur seule

---

l'Eternel créateur d'appeler à la vie un animal colossal, qu'un insecte à peine visible; seulement il faut que le sein où les germes de ces animaux doivent recevoir l'impression de la vie, soit approprié à leur nature. C'est ainsi que nous voyons les climats divers enrichis de productions diverses, et peuplés d'animaux propres à ces différens climats.

autorité en fait de cosmogonie et d'histoire des premiers temps du monde. Mais ce livre a été écrit dans des temps d'une grande ignorance en physique, et, sous ce rapport, il a long-temps induit en erreur : l'illustre Galilée a été tourmenté pour avoir publié une doctrine physique différente de celle de la Genèse; le cadavre d'Amalric (1) fut exhumé et brûlé au commencement du treizième siècle, et David de Dinant, son disciple, fut BRULÉ VIF, ainsi que plusieurs autres, parce que ces personnages enseignaient que l'univers est Dieu, et que Dieu est la matière première de toutes choses.

La civilisation se perfectionnant, les mœurs furent moins cruelles; les Burnet, les Wiston (2), les Buffon, ne furent point persécutés pour avoir publié de nouvelles cosmogonies.

La physique ayant été inconnue ou

---

(1) Amalric ou Amaury.

(2) Wiston fut poursuivi, mais pour avoir écrit contre le dogme de la Trinité, et contre d'autres points de la doctrine religieuse reçue alors dans son pays.

très-erronnée dans la haute antiquité, nous avons dû suivre l'opinion des savans modernes et les doctrines physiologiques aujourd'hui reçues (1).

Quant à la chronologie, la sainte Bible établit elle-même son imperfection en ce qui concerne cette science, par les variations de ces différens textes. La sainte Bible est infiniment respectable par son antiquité, et surtout par les principes de morale qu'elle contient; mais, une physique erronnée, et des faits historiques inexacts, n'ont rien de commun avec les règles d'une vie pure et chrétienne, et ne diminuent point notre

---

(1) Voyez les Lettres sur l'Origine des sciences et celle des peuples de l'Asie, par Bailly; l'Histoire des progrès de la physique et le Traité de physique, de M. Libes; l'Uranographie de M. Francœur; la Philosophie de l'Univers, de Dupont de Nemours; les nouveaux Elémens de Physiologie, de M. Richerand; les Rapports du physique et du moral de l'homme, par Cabanis; l'Histoire Naturelle, de Buffon; le nouveau Dictionnaire d'histoire naturelle, aux mots : *Nature*, *corps organisés*, *vie*, *génération*, etc.

vénération pour ce monument célèbre où se trouvent gravés les premiers traits de la civilisation.

Jésus-Christ a perfectionné la religion juive établie dans l'Ancien-Testament. Si l'on s'était tenu à la doctrine de ce divin personnage; les réformations de Zuingle, de Luther, et de Calvin, n'eussent pas eu lieu; non plus que celle à laquelle nous nous sommes voués, voulant rendre à Dieu un culte fondé sur des principes vrais, salutaires, invariables et dignes de la suprême sagesse, de l'intelligence souveraine et éternelle qui gouverne le monde. Puissions-nous, aidés de la Providence Divine, et des lumières plus généralement répandues aujourd'hui que dans aucun temps de l'histoire, ainsi qu'on le verra dans les Notions Chronologiques qui vont suivre, avoir fait une œuvre utile à l'humanité, et répondu dignement aux désirs des personnes vraiment pieuses, avec lesquelles nous sommes unis en Jésus-Christ.

DIVISION DES TEMPS,

ET PRINCIPALES ÉPOQUES DE L'HISTOIRE UNIVERSELLE.

Nous divisons le cours des siècles en *temps inconnus*, en *temps incertains*, et en *temps historiques*.

Les TEMPS INCONNUS sont ceux qui ont précédé le dernier débrouillement du chaos, ou la création du monde : Eternité profonde, où l'esprit humain ne pourra jamais pénétrer.

Les TEMPS INCERTAINS sont ceux qui s'étendent de l'origine des sociétés humaines, à l'établissement des olympiades chronologiques; temps d'ignorance, de barbarie et de grossièreté des mœurs. Les Egyptiens, cependant, ont alors fait de grands progrès dans la civilisation; aucune nation ne possède autant que ces peuples, des monumens d'un style si sublime et d'une si haute antiquité. Moïse, instruit dans toutes les sciences des Égyptiens, introduit les Israélites comme nation sur la scène du monde, et lui donne le Décalogue, base fondamentale de toute législation. Minos, vers ce même temps, donnait aux Crétois des lois par lesquelles il s'est illustré. Les Grecs, préparés à la civilisation par les colonies qui leur étaient venues de la Phénicie, de l'Egypte et de l'Asie-Mineure, commencent à y faire des progrès. L'agriculture, ce premier des arts, est pratiquée par ces peuples, et leur fournit une nourriture plus agréable et plus salubre, que les racines et les fruits sauvages qui, jusque là, les avaient sustentés. Les esprits s'éclairent ; les œuvres d'Hésiode et d'Homère sont des productions des plus excellentes de l'imagination et du goût. La raison n'y est pas toujours étrangère ; et, cette reine sévère dont la domination s'établit si difficilement, se manifeste aussi dans la législation de Lycurgue ; mais à peine y est-elle aperçue sous le costume grossier de ces temps barbares.

Dans cette enfance des sociétés humaines, on voit l'esclavage établi en droit; la loi du plus fort, fondée sur la fatalité, y étant consacrée et respectée.

On y voit les sacrifices abominables de victimes humaines, fruit de la superstition entretenue et nourrie dans les esprits par les prêtres qui, particulièrement en Egypte, se réservaient exclusivement les lumières de la science, et dominaient les autorités suprêmes ; circonstances funestes qui, dans toutes les nations qui en furent affligées, arrêta les progrès de l'esprit humain et de la civilisation, et qui, notamment, firent déchoir les Egyptiens, et en firent le peuple le plus hébété, le plus superstitieux et le plus incapable de défendre son indépendance.

En lisant les histoires de ces temps reculés, il faut prendre garde que les mots n'ont pas toujours l'étendue de leur signification ordinaire, ou le sens qu'on leur donne aujourd'hui; par exemple, il est dit dans l'Ancien-Testament (Gen. IV, 18) que Henoch, fils de Caïn, bâtit une ville ; mais alors, selon la Sainte-Bible, il n'y avait que quelques hommes sur la terre, et aucune industrie n'existait; cette ville ne pouvait donc être que quelques habitations agrestes rapprochées les unes des autres. Lorsqu'il est dit (Gen. XIV) qu'Abraham, avec trois cent dix-huit de ses serviteurs, poursuivit quatre rois des environs de l'Euphrate et du Tigre, lesquels étaient venus faire là guerre à cinq autres rois, dont les royaumes étaient dans la vallée du lac Asphaltide, et qu'avec ces trois cent dix-huit hommes il leur reprit le butin qu'ils avaient enlevé, on sent bien qu'il n'y a là aucune similitude entre ces rois et ceux des temps actuels.

Les mœurs, aussi, étaient infiniment différentes de celles de nos jours; elles étaient telles que naturellement elles devaient être dans l'origine des sociétés humaines. Nous voyons Jacob, allant de Bersabée en Mésopotamie, s'arrêter au milieu de la campagne pour y passer la nuit, et se servir d'une pierre en guise d'oreiller (Gen. XXVIII, 10 et 11). Job nous dit (ch. XXX) que de son temps les indigens mangeaient l'herbe, les écorces des arbres, et qu'ils se nourrissaient de racines de genevriers; qu'ils habitaient, ou dans les rochers, ou dans les creux des torrens et les cavernes de la terre. Enfin, nous remarquerons que les premiers habitans de la Grèce n'avaient pour demeures que des antres profonds, et qu'ils n'en sortaient que pour disputer aux animaux des alimens grossiers et quelquefois nuisibles. (BARTHÉLEMY, *Voyage du jeune Anacharsis, Introduction*).

Epoques les plus remarquables de cette période des Temps incertains.

Années avant
l'ère chrétienne.

ADAM, ou la création du monde,
suivant le texte hébreu
de la Bible. 4004
—— le texte samaritain. . 4305
—— la version des sep-
tante. 5270
NOÉ, ou le déluge :
suivant le texte hébreu. . . 2348
—— le texte samaritain. . 2998
—— les septante. 3028

ABRAHAM, père des Hébreux, lequel a mené une vie no-
made (1), comme font
encore aujourd'hui les Ara-
bes. Sa naissance est placée
à l'année. 1992
SÉSOSTRIS, l'un des anciens rois
d'Egypte les plus renommés;
époque la plus brillante de
l'histoire des Egyptiens. . . 1722
MOÏSE, donne le Décalogue aux
Israélites, monument le
plus-ancien de la législation
civile. 1491
CÉRÈS, enseigne aux Grecs l'art
d'ensemencer les terres. . 1419
AGAMEMNON, ou le siège et la prise
de la ville de Troye par les
Grecs confédérés; suivant
la Chronique de Paros. . . 1209
SALOMON, ou la dédicace du temple
de Jérusalem; temps de la
plus grande prospérité des
Israélites. 1003

---

(1) Vie nomade, c'est-à-dire sans habitation
fixe.

Homère: commencement des temps
      brillans des Grecs. 900
Lycurgue, ou constitution de
      Sparte, tirée en grande par-
      tie des lois de Minos, que l'on
      fait contemporain de Josué.
      Législation de Lycurgue. . 888

Les temps historiques , s'étendent de la première olympiade chronologique jusqu'à nos jours. Nous divisons ces temps en trois périodes; la première comprend les siècles de haute civilisation chez les anciens; la seconde, les siècles de ténèbres qui ont, dans les temps modernes , formé une nouvelle enfance du genre humain dans nos contrées; et la troisième, les siècles de haute civilisation, dans lesquels nous sommes entrés depuis trois à quatre cents ans.

Ire. *période des temps historiques.* Cette période s'étend de l'apparition des sept sages de la Grèce , peu de temps après l'ère des olympiades, jusqu'à la destruction de l'empire romain ; ce qui forme un laps de temps de dix siècles environ, pendant lequel on voit la Grèce briller du plus grand éclat par les doctrines de ses philosophes, le talent de ses orateurs et de ses artistes, et sur-tout par la gloire militaire que lui acquirent ses guerriers en combattant contre les Perses. Mais, si ces avantages furent le fruit de la liberté, combien cette liberté, heureux apanage de l'homme, lorsqu'elle est fixée par de justes bornes, ne devient-elle pas une source de calamités lorsqu'elle dégénère en licence et en démagogie ! les meilleurs citoyens, victimes des factieux et de l'ignorance et de la turbulence de la tourbe populaire ; des résolutions insensées amenant la division des citoyens et la confusion dans l'administration ; l'opposition, la séparation des états confédérés ; la haine des nations voisines excitée par les insolences et les provocations ; voilà ce que, trop souvent, l'on a vu en Grèce jusqu'à la bataille de Chéronnée, où cette nation perdit son indépendance, et tomba sous le pouvoir absolu des rois de Macédoine ; résultat immanquable de l'anarchie dans un état. Depuis cette époque, la Grèce dégénéra de jour en jour. Son éclat s'affaiblit et disparut enfin, se confondant avec celui dont brillait alors la république romaine, dont elle devint une province, 146 ans avant l'ère chrétienne.

Cependant, les abus qui avaient causé la destruction de la liberté chez les Grecs, existaient aussi chez les Romains, comme étant la suite naturelle d'une ignorance profonde dans la masse du peuple, de l'état contre nature des personnes dans les diverses classes d'hommes composant la nation, et par une organisation vicieuse des différens pouvoirs qui constituent le gouvernement.

Les Grecs avaient été subjugués par les Princes Macédoniens leurs voisins, qui avaient profité de leurs divisions et des abus de la démocratie. Mais les Romains, devenus les maîtres du monde alors connu, n'avaient point de voisins à craindre, et c'était parmi eux-mêmes que se trouvaient les ennemis de la liberté romaine. En effet, des citoyens devenus trop puissans pour souffrir des égaux, tirant partie des préventions et de l'abrutissement de la multitude, abusèrent de la puissance qui leur était confiée, pour

se disputer le suprème pouvoir qui, dé-
finitivement, resta à l'un des contendans.
C'est ainsi que des citoyens romains
devinrent les tyrans de leurs conci-
toyens.

Les abus de la démocratie, et les excès
de la tyrannie, ont été portés au comble
dans le courant de cette période. Les
Grecs et les Romains jouirent pendant
quelques siècles du plus haut degré de
liberté; mais l'excès de la liberté les
précipita bientôt dans une cruelle servi-
tude.

Il en serait de la vie comme de la
liberté, si l'homme ne respirait que
l'oxigène, l'air le plus pur; il jouirait de
la vie dans sa plus grande intensité; mais
elle ne serait que d'un moment; ses
facultés vitales bientôt consumées, il
tomberait dans l'empire de la mort.
Tant il est vrai qu'au physique et au
moral, le *mal* suit le *bien* de si près, qu'il
y touche.

Époques les plus remarquables de cette première période des Temps historiques.

Années avant
l'ère chrétienne.

IPHITUS, renouvelle les jeux olympiques qui, dorénavant, seront célébrés régulièrement tous les quatre ans. 776

THALÈS, ou *Ère philosophique.* La science commence à former un corps systématique. 640

CAMBYSE, fils et successeur de Cyrus, envahit l'Egypte, détruit tous les objets du culte honteux qui y étaient révérés, et en emporte toutes les archives : époque fatale aux connaissances de l'antiquité. 529

HÉRODOTE, dit le père de l'histoire, a décrit avec vérité tout ce qu'il a vu ; mais il rapporte avec trop de soin les fables qui lui ont été débitées dans les pays où il a voyagé. Sa mort est de l'année. 469

Les écrits des anciens sont remplis de témoignages de l'extrême superstition qui régnait alors. L'intensité de cette cruelle maladie de l'esprit a toujours été en raison de l'ignorance des sciences naturelles, et elle n'est si difficile à guérir, que parce que des personnages, bien odieux sans doute, fondent leur existence sur son règne.

Périclès, mort en l'année. 429

Pendant sa longue administration, il a excité la corruption des Athéniens, afin de les gouverner plus facilement. Le déréglement des mœurs fut alors porté au dernier degré. Les plus beaux monumens d'Athènes furent construits du temps de Périclès.

Alexandre, après s'être follement livré à la passion cruelle des combats, meurt à Babylone. Ses généraux se font la guerre pour s'approprier les débris de son empire. 324

Les Romains n'ont plus de
rivaux. Cette même année, le
consul Mummius brûle la ville
de Corinthe après s'être rendu
maître de toute l'Achaïe. La
Grèce n'est plus maintenant
qu'une province romaine, mais
elle instruit ses maîtres, et forme
leur goût par les sublimes productions de ses écrivains et de
ses artistes.

JÉSUS-CHRIST, né en Judée sous
l'empire d'Auguste, à la fin de
la cinquième année avant l'ère
chrétienne, est accusé par les
princes des prêtres juifs et les
docteurs de la loi ; il est con-
damné, comme révolution-
naire, au supplice de la croix ;
supplice infame chez les Romains, et réservé aux esclaves ;
Tibère était alors empereur,
l'an de l'ère chrétienne. . . . 33
Salluste, Tite-Live, Virgile,
Horace, Ovide, ont paru,
mais l'éclat des lettres va s'éva-

nouir ; les Romains, superstitieux et corrompus à l'excès,
sont tombés sous la tyrannie.

Adrien, détruit Jérusalem de fond
en comble, et disperse les
Juifs qui, depuis, n'ont pu se
réunir en corps de nation. . . 135

L'école d'Alexandrie, où
l'on professait la philosophie de
Platon, était alors florissante,
et les principes de l'éclectisme
rivalisaient avec les principes
du Christianisme. Mais les
lumières de l'esprit humain
vont s'obscurcir de jour en
jour, à mesure que l'altération
du gouvernement et des institutions publiques deviendra
plus grande. Bientôt va déchoir
la puissance romaine, et les
principes les plus serviles
seront professés en faveur du
despotisme.

Constantin, transporte de Rome à
Bysance le siège de l'empire. . 328

Cette dernière ville prend le
nom de Constantinople. Cons-

tantin favorise la religion catholique; aussi les chrétiens ont fait de grands éloges de cet empereur; mais ceux qui, alors, soutenaient la religion de leurs pères et les institutions qui avaient fait la gloire de Rome, l'ont peint comme un tyran cruel et abominable; l'histoire impartiale ne l'a point justifié des cruautés horribles qu'il a commises. L'ignorance s'étendait alors et devenait plus profonde, en raison des désordres épouvantables qui régnaient dans l'empire.

Augustule, nommé ainsi, par mépris. L'empire romain avait commencé par Auguste, et il finit en Occident par Augustule. Les Barbares sont maintenant les maîtres de ces contrées. Depuis Constantin jusqu'à cette époque, l'empire avait été tourmenté d'horribles convulsions politiques et religieuses. Ici se termine son agonie; c'est-à-dire

qu'il cesse d'exister dans cette
partie du monde, sur laquelle
va régner pendant dix siècles
l'ignorance la plus profonde et
la barbarie la plus grossière.
Odoacre se fait roi d'Italie : il
exile Augustule, et l'empire
romain, qui n'était plus qu'une
ombre, disparaît en Occident,
vers l'année. 476

SECONDE PÉRIODE DES TEMPS HISTORIQUES.

Cette période s'étend de la destruction
de l'empire romain en Occident, à la
renaissance des lettres et des arts, qui en
avaient disparu avec toutes les institutions civiles et religieuses des Grecs et
des Romains. Ce laps de temps de dix
siècles, environ, a vu l'espèce humaine
dégradée, grossière, barbare et malheu-
reuse autant que jamais elle peut l'avoir
été. La féodalité, le pouvoir temporel
des papes, l'inquisition, furent les fruits
empoisonnés de ces temps d'ignorance,
de superstition et d'un fanatisme san-
guinaire.

Epoques les plus remarquables de cette période.

Année de l'ère chrétienne.

CHARLEMAGNE, relève l'empire d'Occident; mais l'usage funeste de partager à la mort d'un monarque, entre tous ses enfans, les états qu'il avait régis; la faiblesse et l'incapacité des successeurs de Charlemagne, et l'ignorance profonde qui régnait alors, s'opposèrent au maintien des établissement qu'il avait formés. Le titre d'empereur passe à des princes d'Allemagne, 136 ans après le rétablissement de l'empire d'Occident, lequel avait eu lieu en. 800

GRÉGOIRE VII, ou *Rome une seconde fois maîtresse du monde.* 1073

Les papes, abusant de l'ascendant que l'ignorance des peuples leur avait fait acquérir, excommunient les souverains et délient leurs sujets du serment de fidélité. L'ignorance était si profonde alors, que pendant plus d'un siècle, la doctrine de l'Eglise romaine n'éprouva aucune contradiction, et ce siècle fut appelé le siècle de fer, à cause de son extrême barbarie. Le pouvoir papal s'éleva au-dessus de la souveraineté et produisit d'horribles désordres. Les seigneurs, dans ces temps d'ignorance et de grossièreté des mœurs, secouèrent le joug de leurs souverains, et devinrent les tyrans des habitans de leur domaines, dont beaucoup n'étaient que le fruit de l'usurpation. Des calamités de tous genres affligeaient les nations occidentales qui, tombées dans la plus profonde misère, ne pouvaient guères être considérées alors que comme des troupeaux de bêtes brutes, que leurs farouches conducteurs maltraitaient cruellement.

Innocent III, craignant pour
l'autorité papale, envoie en
Languedoc des agens chargés
de prendre des mesures contre
des sectaires qui y étaient répandus et qui s'élevaient vive-
ment contre les abus de l'Eglise
romaine. Ces mesures don-
nèrent lieu à l'établissement
du tribunal exécrable de l'Inquisition. On ne peut lire, sans
frémir d'horreur, le détail
des tortures que des moines
infames faisaient subir à leurs
victimes dans d'horribles ca-
chots, avant de les envoyer
au supplice du feu. Non! si les
tigres avaient une histoire, elle
ne serait pas souillée d'autant
d'abominations que l'est celle
des hommes.

Mais, les lumières de l'esprit
humain amenant les progrès
de la civilisation, les mœurs,
il faut l'espérer, s'adouciront

et seront moins grossières et moins cruelles.

~~~~~~~~~~

TROISIÈME PÉRIODE DES TEMPS HISTORIQUES.

Cette période s'étend du commencement du quinzième siècle jusqu'à nos jours. L'invention de l'imprimerie, les découvertes des navigateurs, le perfectionnement du droit des gens, une politique plus judicieuse dans les gouvernemens, l'empire de la superstition attaqué avec succès, le système astronomique de Pythagore renouvelé et perfectionné, et en général, des progrès dans les sciences naturelles, tels que les anciens ne les ont jamais pressentis ; l'industrie et le commerce élevés à un degré inconnu jusqu'à nos jours ; des moyens de communications entre les peuples, qui rendent ces communications aussi rapides que la pensée ; un sentiment d'ordre, de justice et d'honneur, et une aisance dans la masse de plusieurs nations européennes que l'on n'a jamais eu lieu d'observer ni
~~~~~~~~~~

dans l'antiquité, ni encore moins dans le moyen âge ; une population plus nombreuse qu'elle n'a jamais été en Occident ; le vif éclat que répandent dans ces contrées les lettres, les sciences et les arts : tous ces grands objets font de cette période un des temps les plus dignes de remarque, de tous ceux qui composent l'histoire universelle.

Epoques des plus remarquables de cette période.

Année de l'ère chrétienne.

SCHÆFFER, FAUSTE et GUTTEMBERG, ou *l'Invention de la typographie.* 1440

Plusieurs villes se disputent l'honneur d'avoir vu naître l'imprimerie dans leur sein, et l'invention en est attribuée à différens personnages ; mais il est reçu plus généralement que la gloire de cette grande et salutaire invention doit appartenir à ceux qui sont indiqués ici, et qui ont travaillé à

Mayence et à Strasbourg vers l'année indiquée ci-dessus.

CHRISTOPHE-COLOMB, ou *la découverte du Nouveau-Monde.* . . 1492

Vers le temps où Christophe-Colomb s'immortalisait par cette découverte, Vasco de Gama franchissait le Cap de Bonne-Espérance, et ouvrait la nouvelle route des Indes Orientales. L'esprit humain s'agrandit, le monde devient plus vaste.

ZUINGLE, LUTHER et CALVIN, ou *la réformation.* La vente des indulgences que le Souverain-Pontife prétend avoir le droit d'accorder, ayant excité le zèle de ces personnages contre les abus de la papauté, et la politique étant venue les soutenir, de nouvelles églises se sont établies.

Zuingle fut curé à Glaris, en Suisse, en l'année 1506. Il fit adopter sa réformation à Zurick, en 1523

Luther se montra disposé à la réformation dès l'année 1516;

5

les indulgences ayant été pu-
bliées en Allemagne en 1517,
il s'éleva fortement contre les
ventes scandaleuses qu'on en
faisait, ainsi que contre plusieurs autres abus. Ses principes
de réforme étaient adoptés, et
très-répandus en Allemagne en. 1518

Calvin s'est retiré définiti-
vement à Genève en 1541.
Cette ville devint alors le chef-
lieu de la réforme dans ces contrées. Calvin avait commencé
à dogmatiser à Paris, en. . . 1532

C'est ainsi que s'est établie
la doctrine que l'on nomme
aujourd'hui *Évangélique.*

Louis XIV, ou *la révocation de
l'édit de Nantes.* 1685

Henri IV, le plus grand et le
meilleur des rois qu'ait eu la
France, avait donné cet édit
de pacification, lequel accor-
dait la liberté de conscience
aux réformés, et était déclaré
irrévocable. Mais Louis XIV,
entouré d'une cour brillante

et adulatrice, enivré de tous
les genres de succès, et ayant
porté le pouvoir absolu au
plus haut degré d'intensité,
sévit cruellement contre ceux
de ses sujets qui ne pensaient
pas comme lui, et comme son
confesseur, en matière de
religion. Les dragonades sont
une des taches sanglantes du
règne de ce prince. Depuis
cette époque, les protestans
ont été souvent tourmentés,
et n'ont point été tolérés en
France jusqu'à ce que la révolution leur soit venue rendre
la liberté d'adorer Dieu suivant leur culte (1).

Louis XV meurt en. 1774
    Il laisse le trône déconsidé-
ré, la France tombée dans la
décadence, obérée et sans aucune influence en Europe. En

---

(1) V. le nouvel Annuaire des protestans. Paris,
1821.

1772 , s'était fait le premier démembrement de la Pologne ; premier acte de ce long drame qui tourmente encore tant de nations.

Louis XVI, ou *la Révolution française.* Louis XVI, le mieux intentionné, mais le plus infortuné des monarques, ayant voulu raffermir le trône, est renversé avec lui et périt sous ses débris. 1793

On peut voir pour plus de faits historiques et de détails chronologiques, le troisième et dernier volume de l'Introduction aux sciences et aux arts.

(Cet ouvrage sera mis sous presse incessamment.)

NOTE

QUI SE RAPPORTE A LA PAGE 9.

Le docteur Clarke, fameux dialecticien, étant regardé comme l'un des théologiens qui ont parlé de Dieu de la manière la plus solide et la plus convaincante, nous rapporterons de lui divers argumens sur ce grand objet ; on y verra combien l'homme est sujet à errer dès qu'il sort de la sphère des facultés qui lui ont été données.

Dans son livre de *l'Existence et des attributs de Dieu*, Clarke établit diverses propositions, par lesquelles il prétend nous démontrer invinciblement la perfection du système métaphysique qu'il s'était formé sur la Divinité.

Voici les principales de ces propositions.

PREMIÈRE PROPOSITION.

QUELQUE CHOSE A EXISTÉ DE TOUTE ÉTERNITÉ.

SECONDE PROPOSITION.

UN ÊTRE INDÉPENDANT ET IMMUABLE A EXISTÉ DE TOUTE ÉTERNITÉ.

A la suite de chacune de ces propositions, le docteur Clarke en établit la certitude par divers argumens assez longuement développés. Mais, cette certitude est évidente pour tout homme qui y réfléchit, et n'a jamais été contestée par personne.

Pour mettre plus de clarté dans ce qui doit suivre, nous dirons ici, que l'être que nous regardons comme ayant existé de toute éternité, est l'Univers, lequel, de Dieu et de la matière, forme un seul être ; comme l'homme, de l'âme et du corps, forme aussi un seul être.

On ne peut pas séparer l'idée de Dieu de celle de l'Univers ; car, de même que s'il n'y avait aucun royaume, il ne pourrait pas y avoir de roi ; de même, si l'Univers, qui comprend l'espace infini, n'eut pas existé, où Dieu aurait-il pu être placé ? Quant à la matière, si elle n'eut pas existé, sur quels êtres l'Éternel aurait-il régné ? Mais la matière, de même que l'espace infini, existe aujourd'hui ; et, rien ne pouvant se faire de rien, ni rien de ce qui existe ne pouvant s'anéantir, la matière a donc une existence éternelle. Ainsi, Dieu, esprit animateur ; éternel créateur ; la matière, substance passive, éternelle ; l'espace infini ; voilà le grand tout ; l'être des êtres, composés du grand esprit et de la matière, source à jamais féconde d'êtres variés à l'infini ; source intarissable du *bien* et du *mal*, qui découlent naturellement de ces principes.

Le Grand Être, l'Univers comprenant l'espace infini, au dehors duquel il ne peut rien y avoir, puisque même il ne peut pas y avoir là de dehors, est indépendant, qui lui commanderait ? puisqu'il est seul ?

L'Univers est immuable quant à son immensité ; que pourrait-on y ajouter, puisque hors de lui, il n'y a rien, et qu'il est seul et tout ? que pourrait-on en retrancher, puisque rien ne peut s'anéantir ; et que rien ne peut sortir de lui pour aller ailleurs, puisqu'il comprend toutes les régions de l'immensité, abîme où se confond l'entendement humain.

L'Univers est immuable, quant à sa nature ; plein du Grand Dieu vivant qui l'anime, l'Univers voit toutes ses parties se modifier par l'effet du mouvement que leur imprime la vie qui y circule ; car, ainsi que dans le corps humain, toutes les parties, si diverses entre elles, sont en activité pour concourir au bien être du tout ; de même, tous les élémens, tous les êtres qui composent ce grand corps que l'on appelle la nature, sont dans un mouvement perpétuel. Les fluides, ardent, humide, aérien, et les gaz de tant d'espèces diverses, se mêlent, se confondent, s'unissent aux molécules des substances solides, où commence la vie ;

ils s'attachent aux rudimens des êtres organisés, excitent leur développement, et concourent avec la nutrition, à l'accroissement dont le terme est marqué par leur essence; et tous les êtres créés répandus dans l'espace infini, tous les membres du grand tout, parcourant un cercle de vicissitudes qui ne s'arrête jamais, naissent, vivent et meurent, pour entrer dans une nouvelle existence; ainsi, une éternelle jeunesse revêt cet être des êtres, immuable dans sa nature, dans son infinité, dans son éternité.

Sans le mouvement que la vie opère en lui, l'Univers serait un corps mort (1).

----

(1) La physiologie animale et végétale est une science profonde; mais la physiologie de l'Univers!.......... Elle est hors de l'investigation de l'intelligence humaine.

TROISIÈME PROPOSITION.

CET ÊTRE INDÉPENDANT ET IMMUABLE QUI A EXISTÉ DE TOUTE ÉTERNITÉ, EXISTE AUSSI PAR LUI-MÊME.

Nous avons dit que cet être est l'Univers. L'Univers étant seul et tout, il ne peut donc avoir rien reçu de personne, et il existe par lui-même.

Le docteur Clarke, après avoir développé plusieurs argumens d'où résulte cette même conséquence, s'en vient à dire : *Si on demande maintenant quelle espèce d'idée c'est, que l'idée d'un être dont on ne saurait nier l'existence sans tomber dans une manifeste contradiction, je réponds que c'est la première et la plus simple de toutes nos idées ; une idée qu'il ne nous est pas permis d'arracher de notre âme, et à laquelle nous ne saurions renoncer, sans renoncer tout-à-fait à la faculté de penser; en un mot, c'est l'idée d'un être très-sim-*

ple, *éternel, infini, original et indépendant.*
On voit que tous ces attributs convien-
nent à l'Univers, excepté celui de *très-*
simple ; attribut dont nous ne voyons
aucunement la nécessité indispensable
dans le cas présent, et sur lequel nous
reviendrons. . . . .
. . . .
. . . .
. . . . *Le monde matériel,* dit plus
loin le docteur Clarke, (édit. de 1756,
t. 1, p. 67,) *ne peut pas être cet être ori-*
ginal, incréé, indépendant et éternel par
lui-même. Car il a été déjà démontré, que
tout être qui a existé de toute éternité, qui
est indépendant, et qui n'a point de cause
externe de son existence, doit avoir existé
par lui-même. On a démontré ensuite que
tout ce qui existe par soi-même, doit néces-
sairement exister en vertu d'une nécessité
naturelle et essentielle. Or, de tout cela il
suit évidemment que le monde matériel ne
peut pas être indépendant et éternel par lui-
même, à moins qu'il n'existe nécessaire-
ment, et d'une nécessité si absolue et si
naturelle, que la supposition même qu'il
n'existe pas, soit une contradiction for-

melle et manifeste. Le monde matériel dépend de Dieu, sans doute, comme le corps de l'homme dépend de son âme. Mais, si tous les attributs ci-dessus ne lui appartiennent pas, du moins ils sont, ainsi que nous l'avons dit, applicables à l'Univers.

Le docteur Clarke, en séparant ce qui forme ce grand être, s'est ouvert une source d'embarras et d'erreurs, telle que celle qui résulterait de la séparation que l'on ferait de l'âme d'avec le corps, en raisonnant sur la nature et les attributs de l'âme humaine.

Cet habile dialecticien continue ainsi : *Mais il est de la dernière évidence que le monde matériel n'existe pas de la sorte. Car la nécessité absolue d'exister, et la possibilité de n'exister pas étant des idées contradictoires, il est évident que le monde matériel ne peut pas exister nécessairement, si je puis sans contradiction concevoir, ou qu'il pourrait ne pas être, ou qu'il pourrait être tout autre qu'il n'est aujourd'hui. Or qu'y a-t-il de plus facile que cela ?* Je prie le docteur Clarke de me permettre de lui dire que, non-seulement cela n'est pas aussi facile qu'il le dit, mais que tous ceux qui ne voudront pas sortir de la nature des choses, pour se livrer à une pure imagination, trouveront qu'il est impossible que le monde matériel n'existe pas, et que son immutabilité extérieure soit attaquée, ainsi que sa nature, qui est d'être animée, ce qui soumet toutes ses parties aux modifications que produisent la vie et le mouvement. Le monde matériel existe, sans quoi l'espace infini serait vide. Rien ne se fait de rien, et rien de ce qui existe ne s'anéantit. Le monde matériel existe donc de toute éternité, et il existera éternellement, sous les modifications qui lui seront imposées par le grand Dieu vivant qui l'anime.

Le docteur Clarke continue : *Soit que je considère la forme de l'Univers avec la disposition et le mouvement de ses parties ; soit que je fasse attention à la matière dont il est composé, sans aucun égard à la forme qu'il a maintenant, je n'y vois rien que d'arbitraire.* La forme des corps qui tombent sous nos sens, est déterminée par leurs extrémités ; mais quelle forme le monde, qui ne peut être ici que l'U-

nivers, peut-il avoir ? où sont ses extrémités ? Il me semble qu'il y a là une
grande inadvertance de la part du docteur Clarke.

L'entier composé, dit-il, *et chacune de
ses parties, leur situation, leur mouvement, leur matière et leur forme, tout,
en un mot, m'y paraît très-dépendant et
aussi éloigné de l'existence nécessaire
qu'aucune chose puisse être. J'y trouve, à
la vérité, une nécessité de convenance,
c'est-à-dire, que je reconnais, qu'afin
que l'Univers fût bien, il fallait que ses
parties fussent dans l'ordre où nous les
voyons aujourd'hui* Comment le docteur
Clarke peut-il dire qu'il voit les parties de
l'Univers, abîme incommensurable, où
la raison se confond et où l'esprit humain ne pénétrera jamais ? Ce que nous
en apercevons, est-il autre chose que
des atômes en comparaison de son immensité ? — Comment vouloir toujours
argumenter de ce que l'on ne connaît
pas ? —Il continue ainsi : *Mais je ne vois
pas la moindre apparence à cette nécessité
de nature et d'essence, pour laquelle les
Athées combattent. On ne saurait imagi-*

ner rien de plus absurde, que de dire dans ce dernier sens (comme tous les Athées sont obligés de faire) que la forme de l'Univers, ou tout au moins sa matière et son mouvement sont des choses nécessaires.

Nous écartons les Athées, qui n'ont rien de commun ici, et nous pensons que si quelque chose est *absurde*, c'est de parler de la forme de ce qui n'a point d'extrémités, de ce qui n'a point de limites; or l'Univers est infini, du moins pour nous; car, où aller prendre les limites de l'Univers ? Quant à l'essence actuelle de la matière, dont le docteur Clarke ne voit pas la nécessité, nous dirons : que la matière existant de toute éternité; quelque hypothèse que ce soit, que l'on établirait à son égard, cette hypothèse ne pourrait être que gratuite, et un simple jeu de l'imagination (1). Et

---

(1) Mais de la manière dont le docteur Clarke nous parle de l'essence de la matière, croirait-il que cette essence est une et homogène ? Pense-t-il que celle du soleil, cet océan de feu, de fluide électrique, etc., etc., soit la même que celle des

quant à l'existence même de la matière,
nous dirons qu'en reconnaissant cette
existence, l'activité de l'esprit humain

étoiles de la voie lactée? que celle de la planète
de Mercure soit la même que celle de Saturne?
que celle de la masse de l'océan soit la même que
celle de l'élément qui maintient l'axe de la terre
dans la position la plus heureuse que puisse avoir
notre globe, vingt-trois degrés et demi d'obliquité
sur le plan de l'écliptique? Croit-il que celle du
rudiment, dont le développement produit une
créature humaine, soit la même que celle de la
molécule qui fait le principe du diamant? Pense-
t-il qu'enfoncé dans les profondeurs de l'espace
infini, de cent mille millions de diamètres du
globe solaire, il y trouverait des mondes de même
nature que le nôtre? sait-il seulement tout ce que
peut produire le mélange des diverses espèces des
matières ignée, aérienne, aqueuse et terrestre, et
n'y a-t-il pas d'autres élémens matériels que ceux
renfermés dans ces quatre genres principaux qui
nous paraissent être le fondement de la vie et de
toute existence? connaîtrait-il l'innombrable variété de germes et de rudimens organiques, que la
Nature renferme dans son sein, et quelle peut être
la fécondité de cette mère universelle de tous les

peut bien s'exercer, en ce qui la concerne, à former des systèmes conformes à la faiblesse de sa nature ; mais que dans l'hypothèse qu'aucune particule matérielle n'existât dans l'espace infini, ce serait une sorte de folie que de former un système quelconque sur l'Univers, qui ne serait alors que le néant, dans l'acception la plus absolue de ce mot. D'après le principe que *tout est nécessaire*, le monde est inexplicable, à la vérité, pour notre faible intelligence. Mais d'après tout autre principe, qui oserait dire qu'il fût possible ?

êtres?...... O téméraire !..... Il va reconnaître que l'essence des êtres est infiniment au-dessus de l'intelligence humaine, et il bâtit son système comme s'il connaissait la nature de Dieu, et celle des êtres divers et innombrables, qui, remplissant l'Univers, ont été appelés la *matière*, en opposition avec l'esprit animateur qui les vivifie et les gouverne.... Pauvres aveugles que nous sommes !... Et nous voulons faire des systèmes sur la nature et l'harmonie des couleurs !

6 *

QUATRIÈME PROPOSITION.

L'ESSENCE DE L'ÊTRE QUI EXISTE PAR LUI-MÊME EST INCOMPRÉHENSIBLE.

Nous n'avons point d'idée, dit le docteur Clarke, *de la substance ou de l'essence de l'être qui existe nécessairement et par lui-même, et c'est une chose qu'il nous est absolument impossible de comprendre.* (p. 97). . . . .
. . . .
. . . .
(p. 99). *La substance ou l'essence de toutes les autres choses nous est entièrement inconnue, je n'en excepte pas même les choses que nous voyons, que nous touchons, et que nous croyons le mieux connaître. Il n'y a point de plante tant petite et misérable soit elle, point de vil animal, qui ne pousse à bout et ne confonde le génie le plus profond et le plus sublime; que dis-je? l'essence des êtres inanimés les plus simples et les plus communs, a pour nous des profondeurs et des ténèbres impénétrables.*

Nous verrons cependant tout à l'heure, que le docteur Clarke, qui reconnaît si nettement notre impuissance dans la connaissance de l'essence des êtres, prétend pourtant connaître celle de Dieu, puisqu'il entreprend de nous la définir.

CINQUIÈME PROPOSITION.

L'ÊTRE QUI EXISTE PAR LUI-MÊME, EST NÉCESSAIREMENT ÉTERNEL, ce que nous avons dit aussi précédemment.

SIXIÈME PROPOSITION.

L'ÊTRE QUI EXISTE PAR LUI-MÊME, DOIT ÊTRE INFINI ET PRÉSENT PARTOUT. . . . .
. . . .
. . . .
. . . . . *Exister par soi-même*, dit le docteur Clarke, *c'est exister en vertu d'une nécessité absolue, essentielle et naturelle. Or cette nécessité étant à tous égards*

absolue, et ne dépendant d'aucune **cause** *extérieure, il est évident qu'elle est d'une manière inaltérable, la même* partout *, aussi bien que* toujours. (p. 111). . . . . .
. . . .
. . . .

. . . . plus bas, le docteur Clarke continue ainsi : *l'infinité de l'être existant par lui-même, doit être une infinité de* plénitude *aussi bien que* d'immensité ; *c'est-à-dire que comme elle n'a point de bornes, elle n'est sujette, ni à aucune diversité, ni à aucun défaut, ni à aucune interruption. Par exemple, qu'on suppose si l'on veut la matière* illimitée, *il ne s'ensuivra pas pour cela, qu'elle soit infinie dans un sens de* plénitude, *puisqu'elle pourrait n'avoir point de bornes, et qu'il pourrait pourtant s'y rencontrer des vides* (1). Mais

---

(1) Je me permettrai de demander au docteur Clarke, s'il est bien certain qu'il puisse y avoir du vide dans la nature, et si les entre-mondes ne sont pas remplis par un élément, *l'éther*, par exemple, dans lequel les sphères célestes graviteraient, comme les énormes baleines enculent

ce qui existe par soi-même doit nécessairement exister également en tous lieux, et être présent également partout. Cet être a donc une infinité absolue de plénitude aussi bien que d'immensité. (p. 113).

C'est véritablement une chose des plus remarquables que devoir un génie comme le docteur Clarke, dont la quatrième proposition, qui est ci-dessus, dit : *Que l'essence de l'être qui existe par lui-même est incompréhensible;* et qui, après avoir reconnu et déclaré que le plus

---

dans l'océan. Nous ne pourrons nous entendre que lorsqu'il aura expliqué ce qu'il conçoit par la *matière simple* (p. 73), mais sur-tout lorsqu'il nous aura dit ce que c'est que la *matière* en général. C'est parce que la *matière* n'a jamais été connue, que l'on a dit à ce sujet tant de choses erronées. L'ignorance des anciens, dans les sciences naturelles, a été une source funeste d'erreurs, qui ne sont pas encore toutes détruites. Mais aujourd'hui que de choses sont encore ignorées ! Connaît-on seulement l'élément dans lequel nous vivons ? et pourrait-on expliquer d'une manière pleinement satisfaisante son élasticité, sa diaphanéité, sa sonorité; et les effets merveilleux qui résultent de ces qualités ?

petit insecte présentait dans son essence une énigme impénétrable à l'esprit humain (p. 99), vouloir cependant établir pièce à pièce la nature de son être métaphysique, qu'il finit par enrichir d'attributs qui nous paraissent ridicules. Nous venons de voir que cet être, la cause suprême, est la même *partout*, aussi bien que *toujours*; qu'elle a une infinité absolue de PLÉNITUDE aussi bien que *d'immensité*: et *qu'elle occupe chaque point de l'espace infini*; donc, elle pénètre, dirons-nous, tous les corps et circule avec les sphères célestes. Les corps planétaires seront donc des parties de la cause suprême, qu'il dit pourtant *sans parties et sans mouvement*. La cause suprême sera également dans ce caillou, car si cela n'était pas, il y aurait dans l'espace infini, un corps qui ne serait pas l'être existant par lui-même, ce qui ferait que cet être infini n'occuperait pas tous les points de l'immensité. Mais, si ce caillou est rempli de la cause suprême, que devient cette cause lorsqu'on pulvérise ce caillou? la cause suprême se trouvera donc aussi modifiée.

L'être existant par lui-même, dit le docteur Clarke, *doit être un être* SIMPLE, IMMUABLE et INCORRUPTIBLE; SANS PARTIES, SANS FIGURE, SANS MOUVEMENT et SANS DIVISIBILITÉ; et *pour tout dire en un mot, un être en qui ne se rencontre aucune des propriétés de la matière.* Je ne sais pas si personne peut se faire l'idée d'un être *simple, sans parties, sans figure, sans mouvement*, etc. N'est-ce pas là un être purement idéal, un être mort? Comment un tel être pourra-t-il agir sur la Nature? — Et encore, peut-on voir dans toutes ces qualités négatives, autre chose que le pur néant? Et puis, comment le docteur Clarke peut-il parler de *plénitude*, à l'égard d'un être immatériel, *sans parties, sans mouvement*, etc. N'est-ce pas là aussi identifier les qualités de l'intelligence et les propriétés de la matière? Mais, voyons comment, et où il place son être de raison. . . . .
. . . .
. . . .
. . . .
. . . . *Il est donc de la dernière évidence*, dit-il (p. 115), *que l'être*

existant par lui-même doit être infini,
dans le sens propre et le plus parfait qu'on
puisse donner à ce terme. Mais s'agit-il
de déterminer la manière de son infinité,
et comment il peut être présent partout ?
C'est ce que nos entendemens bornés ne
sauraient ni expliquer, ni comprendre ; la
chose est cependant très-véritable : il est
actuellement présent partout, et la certitude
que nous avons de sa toute puissance, va
du pair avec son infinité, qui ne peut être
niée par ceux qui font usage de leur raison,
et qui ont médité sur ces choses. Il est vrai
que les Scholastiques ont eu la présomption
d'avancer que l'immensité de Dieu est un
point, comme son éternité, disent-ils, est
un instant. Mais cette expression est tout-à-
fait inintelligible. Ce qu'on peut dire là-
dessus avec plus de certitude qu'on ne
craint pas que l'Athée ose traiter d'absurde, et qui pourtant renferme tout ce
qu'il nous importe de savoir, revient à ceci :
qu'au lieu que les êtres créés et finis ne
peuvent être présens que dans un seul lieu
à la fois ; et qu'au lieu que les êtres corporels ne sont dans ce lieu-là même que
d'une manière très-imparfaite et très-iné-

'e , par rapport à leur pouvoir et à leur
ivité, qui ne se fait sentir que par le
uvement successif de leurs membres , ou
leurs organes : la cause suprême, au
ntraire (qui possède une essence infinie
parfaitement simple, et qui comprend
soi-même toutes choses d'une manière
s-éminente), la cause suprême, dis-je,
en tout temps également présente à
que point de l'immensité, tout comme si
mmensité ne consistait réellement que
ns un seul point ; présente au reste en
ux manières, et par son essence très-
ple, et par l'exercice immédiat de tous
attributs.

On a reproché à Spinosa, en compo-
t sa divinité d'une substance unique
tous les êtres de l'univers, d'y avoir
mpris, et d'y avoir fait entrer les plus
es matières. Et voilà le docteur Clarke,
i, en voulant que la sienne se trouve
ns tous les points quelconques de
mmensité, place la cause suprême,
ec tous ses attributs, dans les lieux les
us sales et les plus infects, dans les
rais, dans les volcans, etc.

Quels témoignages pourraient être

plus frappans de l'exilité de l'esprit humain, que la formation de tous ces systèmes métaphysiques nébuleux, qui se détruisent d'eux-mêmes ! Quand les hommes seront-ils donc assez sages, assez éclairés pour reconnaître l'exiguité de leur entendement relativement à la nature intime des êtres et des élémens, à l'immensité de l'univers, à la multitude innombrable des mondes divers qui composent ce grand-tout, et à la sublimité du Dieu qui le gouverne ? et pour, en confessant combien est bornée l'intelligence humaine, ne vouloir pas cependant lui faire franchir les limites qui lui ont été données ?

Une intelligence souveraine commande à la nature. La Divinité se manifeste aux yeux des simples, et à l'intelligence des savans. Toutes les perfections possibles sont renfermées dans l'Eternel créateur, Dieu tout-puissant et infini, raison suprême, cause efficiente, première, de la vie et de tout ordre et de toute harmonie. Suivant ses décrets immuables, les élémens matériels des êtres animés qui ont perdu la vie,

reviennent à leur masse commune, pour
servir à de nouvelles existences; et l'âme,
dégagée de toute impureté, retourne
vers l'Intelligence-Suprême, vers son
auteur, Dieu éternellement vivant,
source de tous les êtres, principe et fin
de toutes choses. Voilà ce que nous
voyons dans le grand spectacle du Ciel
et de la Terre, et ce qu'admet notre
raison (1).

Sans vouloir pénétrer les secrets que
s'est réservé la Divinité, usons des
facultés qu'elle nous a données, et
d'après la diversité que nous voyons
dans les astres et dans la composition
des cieux, ainsi que dans celle qui se
fait remarquer entre les climats plus ou
moins fortunés de notre globe; croyons
qu'il est des mondes plus parfaits que
celui que nous habitons, et des demeures

---

(1) Ceux qui ont le malheur de ne pas reconnaître la Divinité, sont obligés d'attribuer à la
matière brute, le pouvoir d'acquérir, ou de donner
et de dispenser l'intelligence, qu'elle ne possède pas.
On appelle *athées* ou *matérialistes*, ceux qui ont
une telle croyance.

célestes où la vertu trouve sa récompense; et qu'il est aussi des lieux d'expiation, où les âmes grossières et méchantes doivent être purifiées avant d'être réunies aux esprits célestes : arrêtons-nous là; il n'est pas donné à notre faible entendement d'aller plus loin (1). Mais, est-ce que cette croyance à laquelle tout esprit judicieux ne peut se refuser, ne présenterait pas un motif assez pressant d'embrasser une conduite raisonnable, pieuse et vertueuse, et ne serait pas suffisant pour nous encourager à supporter avec résignation les vicissitudes de cette vie mortelle, dans l'espoir d'une vie moins tourmentée et plus heureuse?

----

(1) Tant que Dieu n'aura pas changé l'économie actuelle, et rendu plus parfait l'entendement humain, nous devons nous borner à admirer ses œuvres et à l'adorer, comme nous devons renoncer à pouvoir jamais pénétrer le mystère profond dont s'enveloppe son essence, et à connaître les êtres qui forment les chaînons qui rattachent l'intelligence finie et si bornée dont nous jouissons, à l'intelligence infinie qui régit l'univers.

Jésus-Christ a dit : *Dieu est esprit ; il faut que ceux qui l'adorent, l'adorent en esprit et en vérité.* Dieu est esprit ; c'est-à-dire, Dieu est la suprême sagesse, la souveraine intelligence, la justice éternelle qui s'exerce, soit dans cette vie, soit dans la vie à venir. *Il faut l'adorer en esprit et en vérité ;* c'est-à-dire, rendez hommage à ces attributs divins, en étant juste, bienfaisant, laborieux et raisonnable ; vous serez aussi heureux dans ce monde qu'il vous est donné de l'être, et votre cœur sera le plus beau temple que vous puissiez élever à la Divinité.

Mais, comme au physique, il est des hommes contrefaits et difformes, de même, au moral, il est des âmes grossières et cruelles. Les méchans, ne craignant point la justice divine, doivent être réprimés par les lois ; mais comme elles ne peuvent pas toujours les atteindre, il faut que l'opinion publique vienne concourir avec elle au maintien des bonnes mœurs. Vous vous éloignerez donc des méchans, ou vous les livrerez à la justice, et vous honorerez, vous encouragerez la vertu partout où elle se trouvera; non ces prétendues vertus que l'on fait consister dans des pratiques bizarres et arbitraires, propres à encourager la paresse et provoquer l'hypocrisie; mais la vraie vertu, c'est-à-dire, celle qui consiste à élever la dignité de l'homme, et à être utile au prochain. Une conduite contraire encourage le vice et décourage l'honnêteté. Cependant il est une triste vérité; c'est que trop d'individus travaillent à propager l'erreur et à favoriser l'hypocrisie; trop souvent l'intérêt de corps ou de société particulière l'emporte sur l'intérêt général.

De certains théologiens, des illuminés, pourront nous dire: Dieu a une puissance sans bornes, il peut l'impossible; sa voix peut faire sortir du néant des soleils et des mondes; il peut donner à une pierre la faculté de penser, il peut faire que le soleil éclaire à la fois le pôle boréal et le pôle austral. Ils nous diront aussi: par des paroles mystérieuses, nous pouvons personnifier la Divinité, et faire que cette personne divine *se* trouve en mille lieux à la fois; vous devez croire sur notre autorité, qu'une porte dont on est sorti, est cependant toujours restée fermée.

Laissons, nous chrétiens primitifs, laisons à ceux qui croient en avoir besoin, les dogmes et les systèmes métaphysiques arbitraires et contentieux qui ont causé tant de maux, par le fanatisme ou la perversité de ceux qui s'en sont servi pour satisfaire leurs passions, et tourmenter leur prochain.

Prenons garde de ne pas plus nous laisser égarer par les rêveries sublimes de Platon, que par les nombres harmoniques de Pythagore ; étudions, contemplons les cieux et la tere, et le grand Dieu éternellement vivant, tels que la nature nous les montre ; mais ne les composons pas, ne les fabriquons pas d'après la mesure infiniment circonscrite de notre entendement.

Sur un sujet si élevé au-dessus de notre sphère, et plein du sentiment de notre insuffisance pour approfondir de si grands objets, suivons ce que nous dit en ces termes l'Ecclésiaste (1) : *Ne recherchez rien davantage, mon fils. Il n'y a point de fin à multiplier les livres; et la continuelle méditation de l'esprit afflige le corps.*

Voici le but et la fin de tout ce discours : Craignez Dieu et observez ses commandemens; car, c'est là le tout de l'homme.

---

(1) Chapitre XII, versets 12 et 13.